RÉPONSE

A UNE LETTRE DE M. L. MORIN

RÉPONSE

A UNE LETTRE DE M. L. MORIN

CURÉ DE LA COUTURE-BOUSSEY

Canton de Saint-André (Eure)

PARIS

IMPRIMERIE JOUAUST,

RUE SAINT-HONORÉ, 338

1866

RÉPONSE

A UNE LETTRE DE M. L. MORIN

Monsieur le Curé,

Il ne m'avait pas été donné jusqu'ici de me rencontrer avec vous, de vous avoir jamais adressé la parole et encore moins de correspondre. C'est le 31 décembre dernier, jour d'une triste cérémonie religieuse à laquelle j'assistais, que je vous ai vu pour la première fois. J'ai, je vous l'avouerai, une singulière faiblesse d'esprit, tant soit peu lavaterrienne: je crois pouvoir à première vue asseoir un jugement sur les personnes. Je me suis permis d'en porter un sur vous : n'en prenez ni ombrage, ni mauvaise impression, je ne vous dirai pas quel il est.

J'ai éprouvé un certain étonnement en recevant une longue lettre de vous, laquelle a été suivie d'une seconde, puis d'une troisième. Décidément, vous aimez à vous entretenir avec moi. Je ne m'en plains pas et n'en n'ai nul souci; mais la politesse me dit qu'il me faut vous répondre. Je le ferai avec la réserve et la modération que commande votre caractère, et avec un langage de bonne compagnie. Seulement, puisque vous aimez tant la vérité, qu'il demeure bien établi entre nous que c'est vous qui êtes venu à moi, et non moi qui suis allé à vous : il m'importe beaucoup, pour des circonstances ultérieures qui peuvent se présenter, que ce point soit bien fixé. D'ailleurs, dans une de vos lettres vous signez : *Votre humble provocateur.* Heureusement que cette qualification que vous prenez n'est point précédée du mot *agent*, car ce serait à faire trembler..... d'autant plus que vous parlez de Cayenne et de Lambessa.

Je vous le dis franchement, je vous crois atteint de la monomanie d'écrire des lettres, et vous saisissez avec empressement toutes les occasions qui peuvent se présenter pour vous passer cette fantaisie. Vous écrivez à des personnes qui sont à votre porte : j'ai sous les yeux une lettre fulminante, sous le titre d'*avis amical*, quoiqu'il ne le soit guère, adressée à un digne homme qui, à l'exemple de Sylla, venait de déposer ses faisceaux par l'abdication des fonctions de suisse de la paroisse. Vous l'avez rudement traité sur sa *désertion*, sa *défection*, et vous le menacez de n'avoir l'estime que *des gens qui ont la conscience sous le talon de leurs bottes.* — Vous rappelez-vous aussi celle à l'échevin de la Charité, dans laquelle vous reprochez à cette corporation de *ne pas contribuer à la décoration de la nouvelle église par l'appoint d'une belle verrière pour sa chapelle*, et de préférer l'acquisition *d'un ornement inutile d'un prix exorbitant* (le drap mortuaire) ? Vous lui

faites sentir avec hauteur que *le règlement diocésain soumet les charités à* L'ENTIÈRE *dépendance des curés.....*

Avant de revenir à *notre* correspondance, quand je dis *notre* j'ai tort, à *votre* correspondance avec moi, permettez-moi de vous faire la confidence d'une première impression. Buffon a dit : « Le style, c'est l'homme. » Le vôtre a cela de particulier qu'il offre un singulier mélange de sérieux, de menaçant, de malveillant, de bouffon ; il y a également du madrigal, de l'épigramme et une sorte de courtoisie bâtarde à laquelle il ne faut pas se laisser prendre. Vous devez avoir l'humeur un peu chagrine, peu indulgente, anguleuse, et je crains qu'il n'y ait en vous un peu de cet esprit de domination caractérisé ainsi par le poëte :

Abîme tout plutôt, c'est l'esprit de l'Eglise.

— Croyez bien que je n'entends pas méconnaitre vos mérites *épistolaires* ; cependant je préfère lire les lettres si suaves et pleines de grâce de Mme de Sévigné, ou la correspondance si sémillante et pleine d'esprit de Voltaire, même avec sa finale obligée: *Écrasons l'infâme!* Bon Dieu! quel nom ai-je prononcé! Ce Voltaire était un libre penseur, et vous les avez en profonde haine. Je me hâte d'ajouter, pour que vous me pardonniez cet écart, que Voltaire allait à confesse, faisait ses Pâques et bâtissait des églises... Avouez qu'il eût été bien à propos et bien heureux pour la commune de La Couture-Boussey, que vous desservez, d'avoir trouvé dans ses habitants un Voltaire quelconque qui eût payé de ses deniers la construction de la nouvelle église, dont les dépenses, d'après le dire naïf de vos ouailles, coûteront les yeux de la tête.

Votre lettre a pris sa raison d'être dans les quelques mots du cœur que j'ai hasardés sur la tombe de M. Béranger: je sais que le clergé n'aime pas que nous autres profanes disions un dernier adieu à nos amis avant de nous séparer d'eux; de là ces amères critiques, d'autant moins fondées que vous n'avez rien entendu et que vous avez ajouté foi à des rapports d'auditeurs malveillants qui n'avaient pas compris ou voulu comprendre, et qui vous ont donné mes paroles avec un travestissement que je n'accepte pas. — Je n'ai pris cette détermination subite que quand j'ai vu que je me trouvais en présence d'une nombreuse assistance, d'un notable corps de musique et de la belle compagnie de pompiers, qui s'étaient empressés de venir rendre un dernier hommage à notre ami défunt, dans la persuasion que cette modeste et simple allocution trouverait un auditoire sympathique. Je crois qu'il en a été ainsi. — Vous avez la justice de convenir qu'*il aurait fallu être doué d'une insensibilité de brute ou de libre penseur pour ne pas compatir à cet immense deuil de famille*. Il ne m'est pas possible d'accepter cette assimilation, aussi inconvenante qu'injurieuse, entre *la brute* et *le libre penseur*. — J'ai recueilli mes souvenirs pour reproduire fidèlement ce que j'avais dit, je n'ai pas voulu m'en fier à ma mémoire, j'ai soumis cette allocution à des auditeurs impartiaux, bienveillants pour le défunt et pour moi : ils ont trouvé que j'avais fidèlement reproduit ce que j'avais prononcé. — Je placerai le texte de cette note à côté du texte de votre lettre, pour que chacun ait, comme on dit au palais, toutes les pièces du procès sous les yeux.

Entrons en matière. — Vous commencez votre lettre sous cette invocation : *Amicus Plato, sed magis amica veritas.* — Si je suis plus que vous l'ami de Platon, je ne suis pas moins ami de la vérité. C'est dans *l'intérêt de la vérité* que vous *risquez* à mon *adresse* une *simple observation ayant trait à la vie* DISCUTABLE *de mon client d'outre-tombe, et auquel, comme appoint à son éloge, j'aurais allégué sa double qualité de membre du conseil municipal et de fabrique.* — Devais-je me contenter de cet éloge banal d'éloquence tumulaire : il fut *bon père, bon époux*, ce qui est vrai, du reste ? Au yeux de ses concitoyens, M. Béranger avait rempli ces doubles fonctions avec intelligence, indépendance, fermeté, lors de la discussion des intérêts locaux ; c'était là un de ses titres à leur estime, et si sur ce terrain sa vie est *discutable*, cette discussion ne peut que lui être favorable. Que ses appréciations ou protestations n'aient été ni de votre goût ni conformes à l'ardeur de vos exigences, je le conçois; aussi dites-vous, avec une *bienveillance* ironique : « *Qu'il eût des titres à l'admiration ou à la reconnaissance de ses concitoyens comme conseiller de la commune, c'est une question brûlante que je décline et qui, pesée en bonne justice, pourrait bien être résolue autrement qu'en sa pleine faveur.* » Pour moi, comme pour le plus grand nombre, sa conduite municipale a été aussi sincère que loyale.

Vous vous étonnez que sa vie de marguillier ait RESPLENDI *jusqu'à Cissey*, qui, *sur son déclin, s'était singularisée par un peu de bruit, par un essai d'opposition ayant apparemment la trop* AMBITIEUSE PRÉTENTION *de monter à des proportions* RETENTISSANTES. Vous ajoutez : « Serait-ce de ce peu de bruit que vous auriez eu à vous faire l'écho *dans vos adieux funèbres ?... Tant pis pour l'orateur et pour sa cause.* » Je n'ai que ceci à vous dire: Je n'ai pas soufflé mot du marguillier; je ne me suis donc pas passé la *très-inopportune fantaisie de donner un coup de pied de plus contre le presbytère et la sacristie.*

Vous êtes tenace et ne lâchez pas facilement prise; vous dites : « *Je pourrais le supposer, si je m'en rapportais à certaine opinion courante qui vous tient pour un des plus robustes cléricophages de province.* » Ceci est assez bouffon. — J'ai interrogé tous mes dictionnaires sur la définition du mot *cléricophage*, je n'ai trouvé ni le mot ni la chose; en décomposant cet ingénieux néologisme et en le rapprochant d'une expression de même consonnance, *anthropophage*, c'est-à-dire mangeur d'hommes, j'ai conclu que *cléricophage* veut dire mangeur de prêtres. — Que vous et vos pareils se rassurent, je n'ai jamais mangé du prêtre et n'en ai pas la moindre envie.

Comme vous êtes en verve de bon goût, vous continuez : « *En raison peut-être de ce que chaque matin vous savourez avec le havane ou le moka les tartines de Sauvestre et de ses pareils, ou celles non moins affriolantes de Taxile Delord et Cⁱᵉ...* » —Très-bien ! Je ne comprends guère comment les noms de ces messieurs apparaissent en pareille affaire ; je n'ai pas à les venger de ce coup de patte humoristique : remarquez bien que je ne dis ni *coup de fouet* ni *coup d'étrille*, comme certain de vos confrères, insulteur à gages et faisant métier et marchandise de diffamation, et auquel je ne commettrai pas l'offense de vous comparer. Il est bon seulement de constater que vous *savourez* les écrits de ces estimables écrivains du *Siècle* et de *l'Opinion nationale*.

Vous avez une bien sainte horreur des libres penseurs et des anticléricaux ! Avec un peu plus de charité chrétienne et de respect pour la liberté de conscience, vous n'eussiez pas dit : « *Le peuple ici croit que nos anticléricaux jouent de malheur, la mort en moins de quinze mois ayant frappé les deux plus colossaux, et les ayant frappés, observe-t-on, avec des circonstances à faire réfléchir les mieux cuirassés de nos incroyants.* » —

Après ce langage, vous osez vous défendre de ne pas attaquer les morts! — Au lieu de vous réjouir et de montrer une aussi froide insensibilité, ne devriez-vous pas être le premier à déplorer ces coups du sort, surtout quand ils frappent des familles honorables? Croyez-moi, pratiquez et enseignez la morale évangélique, si vous voulez faire aimer la religion; respectez les croyances religieuses de chacun; n'employez pas cette terreur arrogante qui ne peut impressionner que les esprits faibles. — Pour moi que l'âge rapproche chaque jour du terme de la vie, je tiens à me mettre en règle pour cette dernière épreuve; heureusement, un de mes amis m'a indiqué un de vos confrères qui vend des places dans le paradis, et avec le prix desquelles il a acheté des terres : c'est bien alors le paradis *terrestre*.

Votre lettre contient une délibération du conseil de fabrique relative au rachat ou au déplacement des bancs de l'ancienne église. Par cette citation vous pensez démontrer combien sur cette question la protestation de

M. Béranger était mal fondée. Vous supposez également que mon avis a été provoqué et que j'en éprouverai *une indignation d'avocat trompé*. — Si un avis m'étais permis, je dirais que les concessionnaires de bancs n'auraient rien de mieux à faire que de rétablir leurs bancs dans la nouvelle église aux conditions de leur ancienne concession, et en se conformant au modèle uniforme régulièrement adopté. Cette solution serait la seule désirable; elle exonérerait la fabrique, qui n'a pas de ressources, du payement d'une indemnité, s'il était reconnu qu'une indemnité peut être réclamée par ses anciens concessionnaires; elle éviterait en outre une aggravation de dépenses pour la décoration de l'église. Si c'est dans ce sens que M. Béranger s'est prononcé, il était dans le vrai, dans le juste. — A quoi bon me supposer ce langage de mauvaise compagnie : « Mes renseigneurs de là-bas ne seraient alors que des hâbleurs, des maniganciers, des menteurs, des calomniateurs, des intrigants, des gens ayant la mauvaise foi au service d'un sot égoïsme ou d'une basse jalousie... » J'aurais honte de m'exprimer ainsi. — Je cite encore : « Si, par hasard, il en était ainsi, il n'est pas étonnant dès lors qu'il se fût trouvé bon nombre de paralogismes dans certain chassé-croisé que vous commîtes jadis à leur charge *en guise de réponse au maire...* » Mon intelligence ne comprend pas ce que cela veut dire. Je crois saisir que vous m'attribuez une brochure en réponse à celle du maire. Je vais y venir.

Dans le *post-scriptum* de votre lettre, vous consignez ceci : « ... J'étais en bons termes, en termes d'amitié, d'intimité presque, avec toute la famille (celle du défunt) jusqu'à ces derniers temps qu'elle m'a pris en *hinche* à cause de la nouvelle église... » — On ne s'en douterait guère à la façon dont vous traitez les uns et les autres. — Vous employez une expression, *hinche*, que je n'ai pas à relever, je n'entends pas l'argot. — Vous continuez : « Je n'approuve pas, certes, je suis loin d'approuver tout ce qu'elle a dit ou fait à l'encontre, *par pure jalousie contre le maire.* »

Ici, il faut être franc et net. Je regrette néanmoins que vous m'ayez appelé sur un terrain où je n'aurais pas voulu me placer, en faisant intervenir le nom du maire dans notre polémique, et dont je n'ai pas dit un mot. A vous la responsabilité, à moi les explications.

La question de l'emplacement de la nouvelle église a donné lieu à de vives discussions; les uns proposaient tel emplacement, les autres tel autre. Ce débat a engendré de nombreuses délibérations du conseil ; aujourd'hui les faits sont accomplis, et l'église s'élève triomphalement sur la friche communale. — Ces incidents animés, passionnés même, ont produit la démission des trois quarts des membres du conseil; il a fallu recourir à de nouvelles élections. C'est alors *qu'à la dernière heure*, comme on l'a dit, et au moment de la fièvre électorale, a été distribué à la population un écrit intitulé : *Le Maire de La Couture-Boussey à ses administrés.* C'était une réclame électorale au profit de son auteur.

Le ton de cet écrit était acerbe, violent ; il

frisait de bien près le libelle diffamatoire : si l'on en croit la rumeur publique, vous n'étiez pas étranger à sa confection. Il s'y rencontre, en effet, des expressions qui ont un certain air de parenté avec votre style, si ce n'est de paternité. Aussi, qu'est-il arrivé? Un fils a trouvé que son père était outrageusement maltraité, il a pris la plume, bon sentiment, pour repousser les accusations injustes accumulées contre son père, M. Thibouville-Grandin. — De leur côté, les conseillers démissionnaires, fort chatouilleux et justement susceptibles sur le point d'honneur, ont énergiquement protesté contre d'injurieuses attaques.—Vous ne craignez pas, malicieusement, de m'attribuer cette *Réponse au maire*. Je vous dirai que les six noms qui en sont les signataires n'avaient besoin d'emprunter la plume de personne.

De tout ceci il y a une conclusion à tirer, une morale à constater.— *La conclusion :* Vous avez une magnifique et monumentale église, dont l'aspect ni le caractère n'indiquent à quel âge de l'art elle appartient, et sur l'emplacement que vous désiriez. Sa construction coûtera un peu cher : les travaux, adjugés pour 34,000 francs, se monteront au double de cette somme, sans compter ce ruineux et élastique chapitre des *dépenses imprévues.*

Quand vous, humble, modeste prêtre de campagne, vous distribuerez du haut de la chaire de cette petite cathédrale des exhortations à vos paroissiens, vous serez inspiré par le grandiose du monument, et vous serez étonné vous-même de la grandeur et de l'ampleur de vos idées.

Pour *la morale*, je ne dirai pas de cette fable, elle est pour M. le maire. Son écrit *à ses administrés* lui a valu, en 1863, de n'être nommé conseiller qu'au second tour de scrutin ; en 1864, lors des élections du conseiller d'arrondissement, il était en possession de cette fonction, il a subi un douloureux échec et s'est trouvé au rang des vaincus du suffrage universel ; aux élections générales municipales de 1865, il n'a obtenu que le numéro cinq, ce qui n'a pas empêché qu'il n'ait été confirmé dans ses précédentes fonctions de maire.

Décidément, vous êtes piqué de la tarentule épistolaire. Votre première lettre a été suivie d'une seconde, d'une troisième... Vous me permettrez de ne pas rentrer dans l'arène, cela finirait par prendre des proportions colossales. Je n'entends pas me laisser entraîner à des discussions politiques, si c'est un piége, je ne m'y laisserai pas prendre, ni à des digressions sur les républicains de la veille ou du lendemain, les ci-devant légitimistes, M. le comte de Boussey ou ses chiens, les pendaisons ou les tentatives de pendaisons aux arbres de la liberté, des élections et de vos votes, des conspirations contre la sûreté de l'Etat, des alertes pour Cayenne ou Lambessa, des synodes-clubs, etc., etc., toutes choses dont vous m'entretenez dans votre correspondance complémentaire. Il m'est impossible de prendre au sérieux toutes ces fantaisies de votre imagination, tous ces écarts de votre cerveau. — Je ne dois pas davantage descendre à des explications sur les bruits ou commérages que vous signalez, pas plus que je n'entends vous rendre compte du but de mes apparitions à La Couture, auxquelles vous attribuez, au milieu de bon nombre de réticences, des motifs sur lesquels vous ne craignez pas de m'interroger ; je ne crois pas devoir satisfaire votre curiosité. Vous me demandez si je suis *venu apporter une épitaphe pour le défunt, des consolations à sa veuve, ou pour la consécration d'un nouveau gardien du feu sacré de l'opposition...* Sérieusement, serait-il raisonnable, convenable, de descendre à de pareilles questions.

Mes visites à La Couture vous préoccupent donc beaucoup ? Cependant, elles n'ont rien de *mystérieux*, elles ont lieu au grand jour, en plein soleil, quand il nous fait la faveur de se montrer. Je le répète, mon caractère ni mes habitudes ne me permettent pas de m'arrêter à de pareilles puérilités, à de pareilles misères. Puisque vous aimez les citations latines, je vous dirai que, sans être préteur, je ne me préoccupe pas de minimités, *de minimis non curat pretor*.

Je vous ai déjà demandé la liberté de penser, ne me refusez pas au moins celle de la libre locomotion.

Restons-en là; contentez-vous de ma réponse motivée à votre première lettre, la seule qui, suivant votre expression, *soit sérieuse*; prenez-là en bonne part.

Agréez, Monsieur le curé, mes civilités.

A. Germain,
De Cissey-Grossœuvre.

ANNEXES

ANNEXES

ALLOCUTION (31 décembre 1865).

Messieurs,

Avant de nous séparer, avant de nous éloigner de cette tombe qui va se fermer à jamais et nous dérober les restes de l'homme de bien que nous pleurons tous, permettez-moi, en votre nom et au mien, car pour moi c'est une dette de cœur, d'adresser à l'ami dont nous allons être privés un suprême et dernier adieu...

Il faut avouer que la Providence, dans ses décrets impénétrables, est souvent bien impitoyable, parfois même injuste; il faut avouer que, sur ce grand champ de bataille de la vie, la mort frappe cruellement et indistinctement de ses coups les plus terribles les plus vaillants comme les plus jeunes... Nous en avons sous les yeux une bien triste preuve.

Tant de jeunesse, tant de force, moissonnées si rapidement !...

Dans la vie de Béranger, nous n'avons pas à constater de ces traits brillants, éclatants, qui le plus souvent, chez les prétendus grands hommes du jour, ne sont que fausse grandeur, et dont les panégyriques ne sont que mensonges.

Nous avons mieux que cela — dans sa vie privée : bonté, affabilité, serviabilité... une vie modeste et de travail, surtout une vie d'honneur, de loyauté, de probité.

Il avait de non moins nobles qualités : intelligence, droiture d'esprit, fermeté dans les résolutions, énergie dans les convictions.

Vous savez combien, dans les circonstances difficiles de vos intérêts locaux, il a su montrer, soit au conseil municipal, soit au conseil de fabrique, ces précieuses qualités. Puisque vous serez dans la douloureuse obligation de le remplacer, sachez trouver au milieu de vous un homme de cœur qui puisse continuer la tradition des pensées utiles et indépendantes dont était animé notre pauvre ami.

Messieurs, les rangs s'éclaircissent.

L'année dernière, un de vos concitoyens les plus estimables, aussi honoré qu'honorable, et qui, par la distinction de son esprit, avait acquis au milieu de vous une légitime influence, vous avez tous nommé M. Thibouville-Grandin, succombait également avant le temps.

Entre lui et Béranger, il y avait communauté de vues, d'idées, de convictions politiques.

Nous devons déplorer amèrement la perte de ces deux honorables citoyens.

Permettez-moi un dernier mot : ce sera la manifestation de notre douleur pour cette malheureuse veuve, pour ses intéressants enfants si cruellement frappés : ils vont vivre au milieu de vous, donnez-leur les consolations dont ils ont besoin.

Béranger, adieu! S'il t'est donné d'entendre ma parole, retiens que tu auras dans le souvenir de tes amis une place impérissable!... Retiens aussi que nous reporterons sur les tiens l'affection et le dévouement que nous te portions. Adieu!...

A. Germain.

LETTRE de M. le Curé de La Couture-Boussey.

A M. GERMAIN, propriétaire à Cissey.

Amicus Plato, sed magis amica veritas.

Monsieur,

La mort qui vous amenait dernièrement à La Couture était venue mettre le comble à tant de douloureux incidents, qu'il faudrait être d'une insensibilité de brute ou de libre penseur pour ne pas compatir à cet immense deuil de famille. Aussi n'est-ce qu'après toutes réserves sous ce rapport que, dans l'intérêt de la vérité, je risque à votre adresse une simple observation ayant trait à la vie *discutable*, à la vie publique de votre client d'outre-tombe, — en faveur duquel, m'a-t-il été dit, vous avez allégué, comme appoint à son éloge, sa double qualité de membre du conseil municipal et du conseil de fabrique.

Que le défunt eût droit à des regrets sympathiques comme homme, comme mari, comme père, comme chef de maison, c'est accordé ; qu'il eût des titres à l'admiration ou à la reconnaissance de ses concitoyens comme conseiller de la commune, c'est une question brûlante que je décline et qui, pesée en bonne justice, pourrait bien être résolue autrement qu'en sa pleine faveur. Quant à l'honneur mérité d'une distinction *hors ligne* comme marguillier de la paroisse, c'est un point non moins problématique, mais un peu plus de ma compétence, et que je peux conséquemment vous mettre à même d'apprécier en toute connaissance de cause.

La vie de marguillier n'est pas bruyante de sa nature ; chez nous, d'ordinaire, elle passe si parfaitement inaperçue que je m'étonnerais que celle *dont s'agit* eût *resplendi* jusqu'à Cissey, si, sur son déclin, elle ne *s'était singularisée* par un peu de bruit, par un acte ou plutôt par un *essai* d'opposition ayant apparemment la trop ambitieuse prétention de *monter* à des proportions *retentissantes.*

Serait-ce, par hasard, de ce peu de bruit que vous auriez eu à vous faire l'écho dans vos adieux funèbres ?... Tant pis alors pour l'orateur et pour sa cause. Ce peu de bruit, en effet, — permettez-moi, monsieur, de vous le faire observer *amiablement,* — ce peu de bruit vraiment ne valait pas la peine d'être relevé à la louange de n'importe qui, et, de plus, du moment qu'il avait été un acte d'opposition, comme *sans doute* vous le saviez, vous ne pouviez guère le relever à l'avantage de son auteur sans avoir l'air de fronder, par contre-coup, tous ses collègues du conseil de fabrique. Que vous l'ayez relevé sans ou avec cette arrière-pensée, il me semble que vous n'auriez pas plus à vous en applaudir dans la première que dans la seconde hypothèse. — N'avez-vous relevé l'incident que dans le but *exclusif* d'en glorifier le promoteur?... L'idée, m'est avis, n'en est pas moins des plus malheureuses, en raison surtout de la lugubre circonstance où elle s'est solennellement produite. N'est-ce pas avouer, en effet, qu'une *vie civique* est des plus *chétives* que de paraître avoir besoin d'y compter pour quelque chose une aussi insignifiante particularité, que d'y faire miroiter comme une radieuse étincelle une aussi pâle bluette?... — Vous serait-il venu l'idée de faire une pointe à l'adresse des collègues du défunt et de vous passer ainsi la très-inopportune fantaisie de donner *un coup de pied de plus* contre le presbytère et la sacristie? Je pourrais le supposer si je m'en rapportais à certaine opinion courante qui vous tient pour un des plus robustes *cléricophages* de province, en raison peut-être de ce que chaque matin vous savourez avec le havane ou le moka les délicieuses tartines de Sauvestre et de ses pareils, ou celles non moins affriolantes de Taxile Delord et Ce. J'aime mieux ne point le supposer, et je regretterais même d'avoir à le faire, ne fût-ce que parce que *le peuple* ici croit, me dit-on, que nos anticléricaux jouent de malheur, la mort, en moins de quinze mois, ayant frappé ses deux plus colossaux, et les ayant frappés, observe-t-on, avec des circonstances à faire réfléchir les mieux cuirassés de nos incroyants.

Quoi qu'il en soit, monsieur, je vais vous mettre à même de prononcer en pleine connaissance de cause sur l'incident en question, en m'imposant pour cela la *très*-ennuyeuse tâche de vous transcrire un long paragraphe du registre de nos délibérations..... *Séance du 23 avril* 1865. (Suit cette délibération inutile à reproduire.)

Voilà, monsieur, la pièce authentique. Présentement donc, si vous n'êtes pas de ceux qui disent : « Nul n'a raison, nul n'a d'esprit que nous et nos amis, » juge impartial, vous pouvez voir de quel côté étaient la loi et la raison ! — Quoi donc, vous entends-je dire dans votre indignation d'avocat trompé, mes renseigneurs de là-bas ne seraient alors que des menteurs, des calomniateurs, des intrigants, des gens ayant la mauvaise foi au service d'un sot égoïsme ou d'une basse jalousie ! Dites-le si vous l'osez dire. Pour moi, je me garderai bien de leur déférer ces honorables qualités ou qualifications, et j'ai hâte de finir en vous faisant seulement observer encore que si, par hasard, il en était ainsi, il ne serait pas étonnant dès lors qu'il se fût trouvé bon nombre de paralogismes dans certain chassé-croisé que vous commîtes jadis à leur charge en guise de réponse au maire.

Aussi ai-je l'honneur de vous certifier, en passant, qu'ils n'y faisaient point défaut, et je vous prie de prendre, en tout cas, avec pleine amiabilité, le présent contre-renseignement que vous donne en toute franchise votre très-humble serviteur.

L. MORIN,

Curé de La Couture.

P.-S. Peut-être allez-vous supposer que j'en voulais au défunt, que j'en veux à sa famille *adoptatrice*. Ce serait à tort. Dieu merci ! je n'ai jamais nourri, jamais ressenti même de haine contre quelqu'un. J'étais en bons termes, en termes d'amitié, d'intimité presque avec toute la famille jusqu'à ces derniers temps qu'elle m'a pris en *hinche* à cause de la nouvelle église. Je n'approuve pas certes, je suis loin de pouvoir approuver tout ce qu'elle a dit ou fait à l'encontre, par pure jalousie, contre le maire ; mais entre n'approuver pas et détester, il y a une différence que je vous prie de considérer, afin d'éviter une fausse appréciation de ma réclame en faveur de la vérité.

L. M.

Paris, Imprimerie JOUAUST, rue Saint-Honoré, 338.

www.ingramcontent.com/pod-product-compliance
Lightning Source LLC
Chambersburg PA
CBHW060725050426
42451CB00010B/1629